D1795190

Éxtasis de felicidad

Éxtasis de felicidad

Rosa Cordoba

Numero de la Libreria del Congreso:		2018900587
ISBN:	Tapa Dura	978-1-5434-7795-5
	Tapa Blanda	978-1-5434-7796-2
	Libro Electrónico	978-1-5434-7797-9

Información de la imprenta disponible en la última página.

Fecha de revisión: 01/22/2018

Para realizar pedidos de este libro, contacte con:
Xlibris
1-888-795-4274
www.Xlibris.com
Orders@Xlibris.com
765029

Contents

Dedicatoria

*El presente libro está dedicado a la memoria
de mi esposo Marco, mi gran amor.
Fue parte fundamental de mi inspiración de estos poemas.*

A mis hijos Mark y Maureen, frutos de ese gran amor.

*A todo ser que haya sentido un éxtasis de felicidad por un ser amado…
Porque por ellos he alcanzado este sueño.*

Prologo

La poesía es una y eterna, suele decirse frecuentemente. La expresión sería justa siempre que se refiriese al concepto que tiene el ser humano de la belleza pura, sin límites en el espacio ni en el tiempo. Toda poesía es circunstancial, bien con proyecciones hacia zona de misterio en la que lo concreto se confunde con lo abstracto y lo vivido con lo soñado.

Del sueño o del olvido nace la poesía en todos los tiempos, sus fronteras son por lo tanto inabarcables; su mundo mágico, está por sobre toda expresión. La belleza del poema no varía, pero la forma constantemente se renueva, la combinación de las palabras y artificios métricos, sino también los sentimientos que tiene el poeta de las cosas; a las diferentes influencias que solicita su atención en el diario ejercicio de la vida, proyectándolo siempre hacia el pasado y hacia el futuro.

La poesía es como la cámara del viajero, la cual captura el momento, robando la imagen que la mente olvidara algún día. A través de la poesía uno recupera los años en los que amó y perdió, invitando al alma a volver a descifrar los códigos y las leyes de la pasión.

Escribir es el destino del poeta; y no para sí mismo, sino para la humanidad, para todo ser que tiene un sentimiento de amor para su ser amado y el cual es correspondido, sintiendo un éxtasis de felicidad.

Romina Pastorelli

Viviendo solo de amor

Amor, acércate un poco más,
quiero sentir el calor
de tu cuerpo junto al mío
y escuchar juntos los dos
las melodías que renacen
de las corrientes del río.

Hasta los troncos resecos
parece que toman vida,
cuando las aguas del rio
sus ramas hacen nacer
y los pájaros alegres,
llenos de encanto y color
en ellas forman sus nidos
para cantarle al amor.

Y entonando mi cantar
voy soñando con tu amor,
pensando con alegría
el que muy pronto los dos
podamos estar un día
viviendo sólo de amor.

Éxtasis de felicidad

Cuando estás a mi lado

Cuando estás a mi lado
deseo detener el tiempo,
hacer eterno el momento
para que mi alma no sufra
nunca en la vida tormento.

Cuando te tengo a mi lado
y siento tan cerca tu aliento
sé que tu corazón y el mío
gozan de inmenso contento.

Cuando te siento a mi lado,
mi amor es fuerza que vibra
como la brisa hecha viento
llenando mi alma de anhelos
cual la luz del firmamento.

Cuando tu estas a mi lado,
como deseara detener el tiempo
para toda una eternidad.

Amar en silencio

Te amo como jamás alguien te amara;
calladamente, apasionadamente.
Qué triste es amar así,
tener que ahogar el latido del corazón.
Tener que callar mi voz, que grita:
Te amo, Te amo
desesperadamente.

Vivo de tu recuerdo, de tu imagen,
de tu sonrisa.
Es poco y me conformo.
Jamás sabrás que te adoro tanto
porque de mis labios,
de mis labios,
no lo escucharás.
¿Por qué?
Porque te AMO EN SILENCIO.

Inesperada tarde

Yo quiero que esta tarde no la olvides,
ya que en mis recuerdos siempre estará presente.
Una tarde inesperada para ti, como para mí,
que de pronto llega para hacernos por un rato feliz.
Una tarde de amor, de miradas dulces,
de risas tiernas, de un pensar melancólico;
deseando que el tiempo se detuviese,
para estar siempre así.

Donde tus manos acaricien las mías,
donde tu mirada cubra mi ser;
queriéndome decir no sé qué cosa,
donde tus labios se posen sobre los míos
tiernos y tibios llenos de pasión.
¡Oh! Cuánto amor o pasión quisiste manifestarme,
pero fue tan corta la tarde, el tiempo no se detuvo.

No querías separarte de mí, así lo entendí,
pero yo tenía que hacerlo,
me diste un hasta luego y no un adiós.
¿Será que habrá otra tarde inesperada
para los dos?
Ojalá así sea.

Determinación

No, no quiero que esta noche
sea la despedida
porque, aunque no te lo diga;
por ti siento pasión.

Si esta es la despedida
esa es tu determinación,
más yo por ti siento
una gran adoración.
Aunque no te lo había dicho,
esta es mi confesión.

Vida mía, espera, vamos a hablar;
¿por qué sufrimos? Tratemos de reflexionar.
Si tú dices que me quieres
y que falta te he de hacer
más por qué no me quieres creer,
que te quiero a mi manera
y a mi modo de ser.

Si tú para mi vienes a ser
lo más hermoso de mi vida,
de mi existencia y de mi ser, a mi entender.
Que te quiero,
y si te vas de mi lado
no tengo razón de ser.
Amor, después de esta confesión
si te quieres ir,
esa es tu determinación.

Tu amor esta primero

Cuando miro las cosas
más bellas de esta vida,
amor, a ti te veo.
Cuando miro la inocencia de un niño;
amor, a ti te recuerdo.

Cuando oigo el cantar de un ruiseñor
y siento el aroma de una flor;
tu amor, conmigo está.

Cuando observo la luna iluminada,
distantes montañas, un mar sereno,
una noche estrellada;
tu amor, yo sueño.

Y en lo más hermoso de esta vida
que la naturaleza haya creado
TU AMOR ESTA PRIMERO.

Es por ti

Es por ti
que escribo este poema;
un poema de amor,
angustia y dolor.

Es por ti
que hoy relato mis penas;
que mis labios tiemblan
y sufro este dilema.

Es por ti
que estoy entre tinieblas;
como un día sin sol
como una noche sin estrellas.

Es por ti
que me siento tan turbada;
como las aguas del rio
por la tempestad arrollada.

Es por ti
que mis ojos lloran;
la desdicha de perderte
la agonía de no verte.

No, no te puedo amar

Hoy me has dicho que te gusto
y me quieres a rabiar,
más con tus palabras pecas
porque no, no te puedo amar.

Ya que existe una barrera,
que en nuestro camino
se ha de cruzar.

Y esa es la causa principal
que siempre estará presente,
por lo cual desgraciadamente
No, no te puedo amar.

He llegado tarde a tu vida
es la cruel y triste realidad,
esa es la única verdad

Solo confórmate
con mi sincera amistad;
de amor, no se puede hablar
ya que NO, NO TE PUEDO AMAR.

Mis emociones

Quiero expresar mis emociones
aunque con ello peque.
Pero quiero tenerte a mi lado
para sentir tu calor ardiente.

Dejar que mis manos
toquen tus cabellos,
y mi aliento roce tus mejillas.
Sentir tu perfume de amor,
mil conmociones
mil ardientes caricias
colmarte de besos,
y sentir esos labios cálidos
que me ofrenda tu boca
húmeda y fresca.

Acariciarte todo el cuerpo
y sentir que te estremeces
dulcemente;
pronunciando tu nombre,
balbuciente.
Expreso mis emociones,
aunque con ello peque.

Retorno

Te fuiste de mi lado,
como pluma que sopla el viento.
Hoy has retornado
como agua de manantial
que brota para el sediento.

La indiferencia pasaba
por mi mente,
cuando tú me mirabas
melodiosamente.

¿Me tenías abandonado?
No, tú te fuiste de mi lado.
Pero he retornado para qué,
ya te he olvidado.

Con el tiempo,
la ausencia y la distancia;
el amor que sentía por ti
ya se ha apagado.

Mañana de lluvia

Que hermosa mañana fue aquella,
llovía y yo no sentía;
porque a tu lado desvanecía.
Gotas de lluvia vi caer
y no quería que brotara un sol cruel;
que se llevaría mi hermosa mañana,
que había dedicado
con todas mis ganas,
a ese amor fugaz.

¡Mañana de lluvia!
¿por qué tenías que terminar?
si eras tan hermosa,
no exagero al ponderar.
Esa lluvia que caía,
que la naturaleza ofrecía
era el símbolo de un amor
que nacería.

Olvido

Hoy al recordar tu imagen
le doy gracias al creador
por haberte conocido;
más quiero que tu recuerdo
se borre con el olvido.

Ya que tu no supiste amarme
como yo lo había querido;
yo, que te quise tanto,
con un amor tan puro
y sin haberlo presentido
que un día te alejaría de mi
sin razón, sin motivo.

Tú, que me decías
que me querías,
que de mí nunca
te apartarías,
eso fue tu prometido.
Qué más da,
te pagaré con olvido.

¿No te das cuenta?

No te das cuenta que me gustas,
que te quiero y que te espero.
No recuerdas aquel momento
cuando hablábamos de nosotros,
de la vida y de las cosas;
de lo bello que es amar
y ser amado.

¿No te das cuenta?
que cuando estás a mi lado,
mi corazón te está gritando
que de ti me he enamorado.
Que cuando miro a tus ojos
los míos brillan de alegría;
que cuando quiero hablarte
mi voz se calla,
y cuando te vas de mi lado,
la luz de mi vida se apaga.
¿Es que no te das cuenta?

Contigo jamás

Fue un mediodía
que contigo fui
a un lugar que
desconocía.

Tu voz, no la oía,
tus manos me estremecían
tus besos me desvanecían.
Quería estar a tu lado,
lo sé, pero correr también
no sé por qué.

Dime tu si ese amor
que me ofrecía,
era puro o lo fingía;
de ser así te odiaría;
y jamás otra vez contigo
volvería.

Por siempre te amaré

Aunque nunca vuelvas,
amor mío,
te esperaré.

De ti me he enamorado
y sabrás
que siempre te amaré.
Aunque el tiempo pase
y tú me olvides,
yo seguiré
pronunciando esta frase:
¡Por siempre te amaré!

Aunque tú no regreses,
amor mío,
te recordaré.

Si me has olvidado,
pagaré con creces
porque con mi alma te amé
y te amaré.

Aunque de amor me muera
amor mío,
no te olvidaré.
Pues, se queda mi alma;
vagará hasta encontrarte,
y por siempre
te amaré.

Éxtasis de felicidad

Lo inesperado

EL me hablaba con ternura,
yo le oía.
La tarde estaba nublada,
la lluvia amenazante
nos dio frio.
¿Tomamos algo tibio?
Si, amor mío.

Tocaban una dulce melodía,
que nos dejaba
una melancolía.
No me gusta tu silencio,
ven a mi lado
y cuéntame tu vida
de un modo vago.

Yo seré siempre
una niña sentimental,
estoy emocionada.
Posó su mano sobre la mía,
vi danzando nuestra alegría;
sus ojos me miraban
-no sé cuánto-
qué feliz fui por ese rato.

Éxtasis de felicidad

Tu amor quedara

Puedes irte y no me importa,
porque tu amor queda conmigo;
como queda el perfume
más allá de la flor,
como se oye a lo lejos el
canto del ruiseñor.

La vida nos separa
y a la vez nos acerca
como el día y la noche,
como el cielo y las estrellas.

No me aflijo porque partas
porque tu amor quedará,
en mi alma floreciendo
porque es un amor de verdad.

Si cruzando el mar te pierdes
en mi memoria quedarás,
más confió en tu regreso
Dios es justo y lo querrá.

No pudo ser

Soy ciega, soy muda
cuando de amor se trata;
más cuando te veo,
te hablo y mis ojos
te retratan.

El amor que siento por ti
nunca podrá florecer,
ese es mi padecer.
Me siento como si estuviese
en un desierto, sedienta;
de pronto ver brotar aguas
de un manantial,
pero inalcanzable.

Me siento como si estuviese
en un mundo de silencio,
y de repente oír el cantar
de un ruiseñor,
pero a lo lejos.

Me siento como una barca
que no tiene mar para navegar;
como mi corazón,
que nunca
te podrá amar.

Te esperare

Con el dolor que me embriaga
por estar ahora sola
pienso que a estas horas
tú de mi te has olvidado,
y mientras tanto yo
te seguiré esperando.

No he querido pensar
que me hayas olvidado
pues, se queda en mi
la esperanza
de que te hayas enamorado;
aunque fue muy corto el tiempo
para esperar lo ansiado,
y quizás
estoy pidiendo demasiado.

No estoy dispuesta
a renunciar a lo que siento,
aunque en este momento
esté llorando por dentro.
Esperaré a que regreses
entonces podré quererte,
si es posible
hasta después de la muerte.

Despedida

Era un adiós
mas no lo parecía,
porque nuestro amor
más y más crecía.

Tus besos cálidos y ardientes
en mis labios sentía
tu dulce mirada
estremecía.

Sé que separarte de mi
te dolería;
y por estar a mi lado,
cualquier cosa harías.

Más hoy es la despedida,
ya lo presentía.
¡Calla!
no permitiré palabra alguna,
que a mí me dolería.

Sólo bésame y dime adiós,
no ves que mi corazón
se enloquece
y mi alma se entristece.

Tu voz

Cuando lleguen los días
en que apenas caliente el sol,
para hacer que se alegre el aire
echaré a volar tu voz.

Cuando sienta por dentro el frio
que dan la duda o el temor,
para caldear mi alma de nuevo
bastará un sorbo de tu voz.

Cuando un día se cierren mis ojos
y todo sea sombra alrededor
dentro de mi estará una luz viva
y el recuerdo de tu voz.

Desilusión

Pensé lo más bello,
lo más hermoso de ti;
y alguien me dijo a mí
que tú, no eras así.

Quizás fue mejor
que terminara así,
recuerdos gratos
guardaré de ti.

Quizás no te vuelva a ver,
entonces te olvidaré.
Que cruel desilusión,
jamás la entenderé.

Noche inolvidable

Recordaré esa noche
como algo especial,
sé que jamás habrá
otra igual.

Quizás fue tu presencia
que la hizo resaltar;
esa noche tenía algo
en particular.

Todos me hablaban de ti,
que feliz me sentí.
Sólo fue una noche,
que será inolvidable
para mí.

Triste

Qué triste es sentirse
como me siento ahora,
pensar que lo tengo todo
y nada tengo ahora.

Qué triste es estar
como lo estoy ahora;
rodeada por doquier
pero físicamente,
y espiritualmente,
sentirse sola.

Qué triste es vivir así
con el alma llena de amargura,
ante morir prefiero
por hacer lo que no deseo
y dejar de hacer
lo que realmente quiero.

Qué triste es vivir como vivo;
sin rumbo ni distancia.
Vivir de los recuerdos
que deja la distancia,
de amor,
pero sin ansia.

Una mañana de besos

Que hermoso hubiese sido
vivir bajo aquel nido
en un inmenso fulgor;
donde las hierbas frescas y húmedas
nos hizo sentir deseo y pasión.

Que hermoso hubiese sido
poder detener el tiempo;
hacer eterno el momento
para sentir por siempre
tus besos.

Que hermoso hubiese sido
vivir en aquel lugar de encanto;
donde las mariposas alegres
y llenas de color,
vuelan de flor en flor
para darnos su esplendor.

Que hermoso hubiese sido
haber detenido el tiempo;
para tener para siempre
esa mañana de besos.
caricias y abrazos
y vivir juntos los dos
en ese mundo de amor.

Éxtasis de felicidad

Déjame, ¿quieres?

No ves que fue un error
tratar de unir nuestros corazones.
No ves que fue un error
nuestro amor.

No ves que tu presencia me lastima,
y sé que la mía te enajena;
pero no puedes comprender
que lo nuestro no puede ser.

Es que no entiendes
que el amor que me ofrece
no es para mí.
No comprendes
que existen horizontes
diferentes en tu vida y en la mía,
y que esos horizontes en mi vida,
aún no los he empezado a transitar
y los tuyos están por terminar.

Déjame, ¿quieres?
no quiero hacerte daño, comprende.
Solo te pido que me dejes
y te olvides de mí,
ya que mi amor
nunca será para ti.

Perdóname, ¿quieres?
pero no te quiero.
Hipócrita no voy a ser,
para mostrar
algo que no es sincero.

Contigo me ilusioné
y ratos felices disfruté,
pero amor nunca te ofrendé,
razón por la cual lo nuestro
no puede ser.

Sé que culpa tengo
por haber alentado tus esperanzas;
pero hoy me doy cuenta
que hice mal,
y no quiero hacerte sufrir en vano.
Déjame, ¿quieres?

Desconfianza

Por un simple motivo
hoy desconfías de mí;
tú me podrás hacer mucho
y nunca desconfiaré de ti.

Por qué es tan grande y sincero
el amor que siento por ti;
que no podrá haber motivos
para desconfiar de ti.

Anda pues, no seas ingrato,
olvídate de aquel mal rato;
y ámame como te amo a ti
mas nunca más desconfíes de mí.

# Deseo

Que bello seria
poder decirte
que me gustaría
estar contigo
todos los días;
y estar segura
que nadie
nos separaría.

Vida mía,
abrazarte, acariciarte,
besarte me animaría.
Mirarte,
Mimarte mucho
y no me cansaría.
Vida mía,
como lo desearía.

Sorpresa

Me hablaban de ti
y no sabía,
que ese mismo día
te conocería.

En ese mismo instante
tus ojos me miraban
yo los contemplaba
sin saber que te gustaba.

Tu voz era cálida y pausada,
con detenimiento yo la oía
y esa dulce sonrisa
que me ofrecía,
a mí me decía
que sería hermoso
tenerla todos los días.

Hoy

Hoy he vuelto a ver tu cara.
Hoy volví a besar tu boca,
y con pasión desenfrenada
la tentación me toca
con la furia de una loca.

Hoy sentí tu fresco aliento
y mis angustias
se las llevó el viento,
porque eres mi pasión
y tormento.

Hoy sentí entre tanto amor
un inmenso fulgor,
mi alma se llenó de pavor,
al saber que solo es por hoy
cuando se alivia mi dolor.

Amor

Amor, cuatro letras
que expresan la creación más bella.
Cuatro letras que hacen
al mundo girar.
Cuatro letras
que hacen llorar y soñar.
Cuatro letras que también
dicen amar.
Amar al prójimo,
como lo manda Dios.
A mis padres como lo quiero yo.
¿Y a ti quién me mandó?

CPSIA information can be obtained
at www.ICGtesting.com
Printed in the USA
LVOW12*1520090218

565960LV00003B/27/P